www.ingramcontent.com/pod-product-compliance
Lightning Source LLC
LaVergne TN
LVHW010929020325
804903LV00008B/172
* 9 7 8 1 6 5 2 1 1 9 1 6 6 *